Herbert Winklehner

Seht, Christus kommt uns suchen!

Herbert Winklehner

„Seht, Christus kommt uns suchen“

Mit Franz von Sales durch die Advents- und Weihnachtszeit

Franz-Sales-Verlag

Die Deutsche Bibliothek – CIP-Einheitsaufnahme

Winklehner, Herbert:
„Seht, Christus kommt uns suchen“ : mit Franz von Sales durch die Advents- und Weihnachtszeit / Herbert Winklehner. – 1. Aufl.. – Eichstätt : Franz-Sales-Verl., 2002

ISBN 3-7721-0248-4

ISBN 3-7721-0248-4
1. Auflage 2002

www.franz-sales-verlag.de
Titelbild: Glasfenster aus der Kathedrale von Gallway, Irland
(Foto: Herbert Winklehner)
Gesamtherstellung: Brönner & Daentler, Eichstätt

„Seht, Christus kommt uns suchen;
die Kirche lädt uns ein,
ihn gut zu empfangen."

Franz von Sales
(DASal 9,142)*

* Die Abkürzung „DASal" bezieht sich auf die Deutsche Ausgabe der Werke des hl. Franz von Sales, die in 12 Bänden im Franz-Sales-Verlag in Eichstätt erschienen ist. Die Ziffer vor dem Komma bezieht sich auf den jeweiligen Band, nach dem Komma auf die Seite.

Der hl. Franz von Sales
Grafik von Benedict Schmitz OSFS

Ein Wort zuvor

Die Advents- und Weihnachtszeit spielten im Leben des heiligen Franz von Sales eine große Rolle.

Seine Priesterweihe erhielt er am 18. Dezember 1593. Ein paar Tage später, am 23. Dezember, feierte er seine erste Heilige Messe in seiner Heimatgemeinde Thorens. Seine ersten Predigten als neugeweihter Priester drehten sich um das Fest der Menschwerdung Gottes.

Ein wesentliches Ereignis in seinen ersten Priesterjahren als „Missionar im Chablais" war die Weihnachsmette in Thonon 1596, die erste Eucharistiefeier, die nach Jahrzehnten des Calvinismus in der dortigen Pfarrkirche St. Hippolyth gefeiert wurde. Der anerkannte Franz von Sales-Biograf Etienne-Jean Lajeunie beschreibt dieses Ereignis als „Höhepunkt in seinem Leben".

Seine Bischofsweihe in Thorens fand am 8. Dezember 1602 statt. Franz hat sich dieses Datum des Festes der ohne Erbsünde empfangenen Jungfrau Maria ganz bewusst gewählt, ebenso den Tag seiner Inthronisation als Bischof in Annecy, den 14. Dezember 1602, ein Mariensamstag.

Auch das Ende seines irdischen Lebens fiel für Franz von Sales in die Zeit des Geburtsfestes Jesu. Seine letzten Predigten waren Weihnachtspredigten, bevor er am Fest der Unschuldigen Kinder, am 28. Dezember 1622, starb.

Aber nicht nur rein äußerlich, sondern auch vom theologischen Inhalt her war Franz von Sales von diesen Wochen des Kirchenjahres fasziniert. Die Menschwerdung Gottes spielte in seiner Theologie eine herausragende Rolle. Eine theologische Grundfrage lautete damals: Wäre Gott auch dann Mensch geworden, wenn der Mensch nicht gesündigt hätte? Ist also Gott nur deshalb auf die Welt gekommen, um den Menschen von seiner Erbsünde zu erlösen, oder liegt die Menschwerdung im Urplan Gottes von Anfang an begründet, unabhängig davon, ob der Mensch sündigen wird oder nicht.

Franz von Sales beantwortet diese Frage eindeutig: Gottes Menschwerdung war von Anfang an und noch vor aller Schöpfung geplant. Der Grund dafür ist die Liebe. Weil Gott den Menschen liebt, hat er vor aller Schöpfung bereits den Plan gefasst, sich mit dem Menschen wesensgleich zu vereinen. Dass mit der Menschwerdung auch Gottes Erlösungsplan zusammenfällt, war nach Franz von Sales nicht von vorneherein notwendig. Auch wenn der Mensch nicht von der Erbsünde hätte befreit werden müssen, wäre Gott Mensch geworden, weil seine Liebe zu den Menschen eine Wesenseinheit mit seinen Geschöpfen von Anfang an vorgesehen hatte (vgl. dazu auch die Ausführungen zum 22. Dezember).

Man muss diese hohe Theologie der Gedanken des heiligen Franz von Sales gar nicht nachvollziehen können, um zu begreifen, wie wichtig und wesentlich dieses Fest der Kirche für ihn war. Es wundert daher nicht, dass es in seinen Schriften eine Fülle von Gedanken und Worten gibt, die sich auf dieses Fest beziehen. Einige davon habe ich für dieses Buch ausgewählt, damit sie uns durch die Wochen der Advents- und Weihnachtszeit begleiten. Meine Auswahl ist natürlich subjektiv und ich kann nur hoffen, dass ich aus der Fülle der salesianischen Gedanken solche Sätze gewählt habe, die auch Sie ansprechen werden.

Die Idee dieses salesianischen Tagesbegleiters ist, dass Sie Tag für Tag, ähnlich wie bei einem Adventskalender, näher an das Geheimnis der Menschwerdung herangeführt werden und jeder Tag mit einem salesianischen Impuls gefüllt wird.

Franz von Sales rät in seinem berühmten Buch „Philothea – Anleitung zum frommen Leben" zu einer täglichen, vielleicht halbstündigen Zeit der Meditation. Dabei soll man sich in ein bestimmtes Glaubensthema vertiefen, sich dann mit daraus entstehenden Fragen beschäftigen und schließlich einen „geistlichen Blumenstrauß", wie Franz das nennt, pflücken, also besondere Gedanken und Erkenntnisse, die einen den Tag über begleiten.

Meine Vorschläge zur Meditation sind ähnlich aufgebaut. Selbstverständlich können Sie sich beim Meditieren der einzelnen Themen und Fragen völlige Freiheit gönnen und ihre eigenen Gedanken „pflücken". Das „Herzensgebet durch den Tag" ist mein Vorschlag eines wesentlichen Gedankens, der Sie durch den Tag begleiten könnte. Auch dieses „Herzensgebet" ist eine typisch salesianische Methode. Franz von Sales behauptet sogar, dass dieses Herzensgebet alle anderen Gebete ersetzen kann. Die Idee, die dahinter steckt, ist das salesianische Ziel, dass das ganze Leben zum Gebet wird. Das Herzensgebet ist der kurze Impuls, der mich immer wieder darauf aufmerksam macht, dass Gott auch in meinem Alltag dabei ist, dass ich ständig, egal was ich tue, in der Gegenwart Gottes geborgen bin. Ein Rosenkranz dauert ungefähr eine halbe Stunde. Das Herzensgebet nicht mehr als ein, zwei Sekunden. Für den Rosenkranz müsste ich mir extra Zeit einplanen, für das Herzensgebet nicht. Diese Sekunde, an der ich bewusst an Gott denke, stört mich nicht bei der Arbeit noch bei anderen Tätigkeiten meines Alltags, ganz im Gegenteil, Franz von Sales ist davon überzeugt, dass diese kurzen Sekunden, die ich für Gott verwende, für meine Beschäftigungen von großem Nutzen sind. Mein Vorschlag an Sie: Einfach mal ausprobieren!

Vor 125 Jahren, am 16. Juli 1877, wurde der heilige Franz von Sales vom seligen Papst Pius IX. zum Kirchenlehrer ernannt. Begründet wurde diese Ernennung mit der überaus hohen Gelehrsamkeit des Bischofs von Genf, der von 1567 bis 1622 lebte. Seine Bücher, Predigten und Briefe sind noch heute ein Beweis seines hohen Wissens und seiner tiefen Frömmigkeit. Vor fast 80 Jahren, am 26. Januar 1923, stellte Papst Pius XI. den heiligen Franz von Sales den Schriftstellern und Journalisten als Patron zur Seite, weil der Heilige sein Wissen und seine Gelehrsamkeit auch mit großem Geschick und stilistisch hervorragend zu Papier bringen konnte, und zwar so, dass es auch Nicht-Theologen verstehen konnten.

In seinen Schriften findet sich eine Fülle von nachdenkenswerten und tiefen Gedanken, die uns auch heute noch Impulse für unser Leben und unseren Glauben geben können. Ich wünsche Ihnen mit diesen Gedanken viel Freude und hoffe, dass Sie damit bewusster und intensiver das Fest der Menschwerdung Gottes erleben werden.

Herbert Winklehner OSFS

Advent

1. Dezember

Franz von Sales:

„Darf man im Advent bei Wasser und Brot fasten und den ganzen Winter barfuß gehen? Ich wünschte, wir hätte nicht die Füße, sondern das Herz entblößt." (DASal 5,194)

Die Frage, mit der sich Franz von Sales hier beschäftigt, stammt von einer jungen, begeisterten Novizin des Klosters der Heimsuchung. Sie will mit ganzem Herzen Gott dienen und meint, das könne man am besten durch Fasten und Abtötung. Und je strenger dieses Fasten und diese Abtötung ausfällt, um so besser ist es.

Franz von Sales ist davon nicht überzeugt. Warum? Er weiß ganz genau, dass Äußerlichkeiten, so gut gemeint sie auch sein mögen, sehr schnell vom Wesentlichen ablenken können. Und das Wesentliche ist das, was im Herzen passiert, in der Seele.

Es gibt Leute, die wagen nicht ihre Zunge mit Wein zu benetzen, schreibt er in der Philothea (DASal 1,33), aber sie scheuen sich nicht, gleich danach über andere gehässig zu reden. Und im Evangelium heißt es: Wenn ihr fastet, betet oder den Armen eine Spende gebt, dann tut es im Verborgenen und nicht so, dass es alle gleich sehen können (Vgl. Mt 6,1-18).

Advent, die Vorbereitungszeit auf das Weihnachtsfest, ist natürlich Bußzeit, also Zeit der Besinnung und Umkehr. Es kommt dabei allerdings nicht so sehr darauf an, uns strenge Opfer aufzuerlegen, sondern dass wir unser Herz und unsere Seele erforschen und darauf achten, dass dort, in unserem Inneren, alles wieder in Ordnung kommt.

Großputz des Herzens, so könnte man sagen, das ist es, was Franz von Sales möchte, damit Gott, wenn er kommt, in uns eine aufgeräumte und schöne Wohnung vorfindet. Eine solche Reinigung tut manchmal mehr weh, als einen Winter lang barfuß im kalten Schnee herumzulaufen.

Fragen zum Nachdenken:

- Was bereitest du dich auf Weihnachten vor?
- Was tust du bei dieser Vorbereitung für den religiösen Inhalt des Weihnachtsfestes?
- Was nimmst du dir in diesem Advent als „Herzensreinigung" vor?

Mein Herzensgebet durch den Tag:

Es lebe Jesus,
dessen Kommen ich erwarte.

2. Dezember

Franz von Sales:
„Leben Sie fröhlich und mutig, denn der Engel, der singend die Geburt unseres kleinen Erlösers ankündigt, singt verkündigend, dass er den Menschen guten Willens Freude, Friede und Glück bringt." (DASal 7,99)

Die Freude ist wichtig, wenn es darum geht, ein Ziel zu erreichen. Sie ist der Motor, der uns antreibt, wenn wir auf Hindernisse und Probleme stoßen. Sie ist die treibende Kraft, die Durststrecken überwinden hilft. Genährt wird die Freude vom Ziel selbst, das wir anstreben.

All das weiß Franz von Sales. Daher ermutigt er bei allen Fragen des Glaubens ganz besonders dazu, sich von den positiven und schönen Wahrheiten motivieren zu lassen. Das gilt auch für das Weihnachtsfest. Leben Sie fröhlich und mutig, schreibt er in einem Brief, denn das, was uns an Weihnachten verkündet wird, ist etwas sehr Schönes und Positives: die Freude, der Friede und das Glück. Ursache all dessen ist die Geburt eines Kindes. Das allein wäre schon Grund genug zur Freude.

Jedes Kind ist ein besonderes Geschenk für das Leben. Dieses Kind nun ist nicht irgend ein Kind, sondern der kleine Erlöser, Gott, der Mensch geworden ist.

Daher ist die Zeit des Advents vor allem eine Zeit der Freude, denn der Advent ist der Weg zur Menschwerdung Gottes, zu jenem Glaubensgeheimnis, von dem die Engel verkünden, dass es die Freude, den Frieden und das Glück verwirklicht. Gründe genug also, um fröhlich und mutig zu leben.

Fragen zum Nachdenken:

- Woran denkst du, wenn du an Weihnachten denkst?
- Welche Gefühle verbindest du mit diesem Fest?
- Was tust du, damit Freude, Friede und Glück in dir lebendig werden?

Mein Herzensgebet durch den Tag:

Es lebe Jesus!
Er kam um Freude, Glück und Frieden zu bringen.

3. Dezember

Franz von Sales:
„Ich mache Sie schon im Voraus darauf aufmerksam, damit Sie die Tage bis zum Fest zur Vorbereitung auf den Empfang eines so herrlichen Geschenkes verwenden. Die großen Heiligen, deren Gedenktage wir in diesen Tagen feiern, kommen uns gerade recht zu Hilfe: der heilige Nikolaus, der heilige Ambrosius und morgen die heilige Barbara. Sonntag ist der Tag, an dem der Heiland unserer Seelen so herrliche Lobesworte für den heiligen Johannes den Täufer findet." (DASal 215f)

In den Gottesdiensten der Adventszeit treten die verschiedensten heiligen Menschen auf, die uns helfen, uns auf Weihnachten einzustellen.

Heute etwa ist der Gedenktag des heiligen Franz Xaver, des berühmten Indien- und Chinamissionars. Die heilige Barbara verbinden wir für gewöhnlich mit den Barbarazweigen, die wir aus der Kälte holen, im warmen Zimmer ins Wasser stellen, damit sie am Weihnachtsfest erblühen. Der heilige Nikolaus ist für die Kinder der große Vorbote des Weihnachtsfestes. Schon werden kleine Geschenke verteilt, die Freude machen, weil der Bischof von Myra den Menschen seiner Zeit viel Gutes getan hat. Und der heilige Ambrosius, ein berühmter Kirchenvater, erinnert an die Lieder und Hymnen, die er gedichtet hat, um das Weihnachtsfest und die wesentlichen Wahrheiten unseres Glaubens würdig zu umrahmen. Eine ganz zentrale Gestalt ist natürlich der heilige Johannes der Täufer, der das Volk Israel in der Wüste auf das Kommen des Messias vorbereitet hat.

Diese Gedenktage sind kleine Schritte auf dem Weg durch den Advent. Das Gleiche gilt für den Brauch des Adventskalenders, durch den jeden Tag etwas Besonderes geschieht, das auf Weihnachten vorbereitet. Oder der Adventkranz mit seinen vier Kerzen. Jede Woche wird eine weitere Kerze angezündet, um das Leben heller zu machen, bis es beim weihnachtlichen Christbaum voll erstrahlt.

All das sind Zeichen, Symbole, Schritte, Anstöße, die uns deutlich machen: An Weihnachten, da geschieht etwas ganz Besonderes.

Fragen zum Nachdenken:

- Welche Symbole hast du für die Adventszeit gewählt, um dich auf Weihnachten vorzubereiten?
- Helfen dir dieses Symbole, das Besondere von Weihnachten zu erspüren?
- Entdeckst du auch an deinem Namenspatron etwas, das dich auf Weihnachten hinweist?

Mein Herzensgebet durch den Tag:

Es lebe Jesus!
Täglich komme ich dem Fest
seiner Menschwerdung näher.

4. Dezember

Franz von Sales:
„Man muss manchmal ein paar Schritte zurück machen, um dann besser vorwärts springen zu können. Ich habe oft die äußerste Ergebenheit des heiligen Johannes des Täufers bewundert, der so lange in der Wüste, ganz nahe Unserem Herrn blieb, ohne sich zu beeilen, ihn zu sehen, ihn anzuhören und ihm nachzufolgen. Er wusste eben, dass dem Herrn dadurch am besten gedient war."
(DASal 6,107)

Normalerweise ist das Vorwärtskommen im Leben das Wichtigste. Immer voran, ja nicht stehen bleiben, besser werden, wachsen, aufwärts, aufwärts, aufwärts.

Gerade in der Wirtschaft hat sich dieses Prinzip zum Credo entwickelt. Die Umsätze müssen stetig steigen, tun sie es nicht, spricht man von Rezession, in der Wirtschaft ein angstmachendes Wort.

Franz von Sales meint, um gut vorwärts zu kommen, soll man auch einmal ein paar Schritte zurück tun. Das gilt vor allem für den Fortschritt im religiösen Leben.

Als exemplarisches Beispiel nennt er Johannes den Täufer. Dieser wusste, dass Jesus lebt, und er wusste auch, dass er der Sohn Gottes ist, auf den er so sehnsüchtig wartet. Er rennt ihm jedoch nicht nach, sondern bleibt zurück und wartet in der Wüste, bis Jesus zu ihm kommt.

Manchmal sind auch wir im Glauben gefordert, stehen

zu bleiben und zu warten, inne zu halten, zur Ruhe zu kommen, Pause zu machen, um Zeit zu haben, über die Fragen des Lebens und des Glaubens nachzudenken. Nenne es Besinnungstage oder Exerzitien ... solche Zeiten können als Zeitverschwendung angesehen werden, als Lebens-Rezession, die nichts bringen.

Tatsächlich sind sie jedoch Schritte in die Wüste, die notwendig sind, um wieder besser vorwärts springen zu können.

Fragen zum Nachdenken:

- Wie läuft dein Alltag?
- Ist dir bewusst, dass Zeiten des Innehaltens keine Zeitverschwendung sind?
- Nimmst du dir Zeit zur Besinnung?

Mein Herzensgebet durch den Tag:

Es lebe Jesus!
Er gönnt mir Zeiten der Ruhe und Besinnung.

5. Dezember

Franz von Sales:
„Johannes der Täufer aß Heuschrecken, um zu zeigen, dass er, obgleich auf Erden, doch ständig auf dem Sprung zu Gott war."
(DASal 7,241)

Wer will schon Heuschrecken essen? In der Wüste sind solch unappetitliche Tierchen allerdings oft das einzig Essbare, das überleben hilft.

In der allegorischen Bildsprache des heiligen Franz von Sales erhalten die Heuschrecken noch eine weitere Funktion: Ihre enorme Sprungkraft wird zum Symbol für den Weg des Menschen zu Gott. Heuschrecken gehen nicht, sie springen. Sie bleiben zwar auf dem Boden, zeigen allerdings durch ihre Fortbewegung, dass sie nach oben orientiert sind.

Wer, so wie Johannes der Täufer, Heuschrecken isst, wird also für Franz von Sales jemand, dessen Ziel Gott ist, obwohl er noch auf Erden lebt, der bereit ist für Gott, auch wenn Gott erst im Kommen ist.

Gebet, religiöse Übungen, Gottesdienstbesuch sind mit den Heuschrecken zu vergleichen. Oft schmecken sie nicht, sind unappetitlich, aber für den Glaubensweg manchmal das Einzige, das überleben hilft.

Durch Gebet und Gottesdienst zeige ich, dass mein Leben auf Gott hin orientiert ist, auch wenn ich selbst noch am Boden dieser Welt klebe. Durch Gebet, religiöse Übungen und Gottesdienst mache ich mich fit für Gott, wenn er kommt.

Fragen zum Nachdenken:

– Wie sieht dein Gebetsleben aus? Betest du gern?
– Ist dir die religiöse Sprungkraft des Gebetes bewusst?
– Was kannst du tun, um dein Gebetsleben zu verbessern?

Mein Herzensgebet durch den Tag:

Es lebe Jesus,
der meinem Leben auf die Sprünge hilft.

6. Dezember

Franz von Sales:
„Wir müssen unsere Herzen wie der kleine Johannes vom wilden Honig, wie vom Gewöhnlichen nähren; das heißt, alles in der Stadt wie auf dem Land für die hochheilige Liebe Gottes nutzbar machen." (DASal 5,132)

Es gehört zu den großen Themen der Lehre des heiligen Franz von Sales, dass es nichts auf dieser Welt gibt, außer der Sünde, wo Gott nicht vorkommt.

Gott ist überall, ihm kann daher auch überall gedient werden. Überall ist es möglich, heilig zu werden, also Gott zu suchen und zu finden.

Franz von Sales hat mit dem Irrglauben aufgeräumt, dass Gott nur in den Kirchen und Klöstern zu Hause ist, dass man ihn nur dort gebührend ehren und ihm nur dort dienen kann. Alles, in der Stadt wie auf dem Land, kann der Mensch zu Orten Gottes und des Gottesdienstes machen.

Und das wäre auch sein Auftrag: den Alltag heiligen, den Beruf heiligen, das Leben, dort, wo es stattfindet, in einen Gottesdienst verwandeln.

Wie das geht, zeigt uns Johannes der Täufer in der Wüste, der sich vom wilden Honig ebenso nährt, wie vom ganz Gewöhnlichen.

Das heißt: Das Besondere und das Gewöhnliche des Lebens sind gleich wichtig für unsere Beziehung zu Gott. Beides brauchen wir: die Mitternachtsmette zu Weihnachten ebenso, wie das Zähneputzen am Morgen, das Abendgebet ebenso wie ein lustiges Geburtstagsfest unter Freunden. Wichtig ist, dass unseren Herzen bewusst ist, dass in allem außer der Sünde die hochheilige Liebe Gottes zu uns Menschen lebendig ist.

Fragen zum Nachdenken:

- Ist dir bewusst, dass auch das Zähneputzen Gebet ist?
- Wie versuchst du deinen Alltag zum Gottesdienst zu machen?
- Weißt du, dass überall Gottes Liebe lebendig ist?

Mein Herzensgebet durch den Tag:

Es lebe Jesus,
überall, wo ich bin, in allem, was ich tue, zu aller Zeit.

7. Dezember

Franz von Sales:
„Johannes der Täufer wurde von einer alten, unfruchtbaren Frau geboren, um uns zu lehren, dass Trockenheit und unfruchtbare Zeiten trotzdem in uns die heilige Gnade hervorbringen; denn Johannes bedeutet Gnade." (DASal 5,212)

Franz von Sales gehört zu den glücklichen Menschen, die in der Beziehung zu Gott fast nie Zeiten der Trockenheit und Unlust erfuhren.

Ihm ist jedoch sehr wohl bewusst, dass für viele Menschen solche Glaubens-Wüsten relativ oft erlebt werden. Für ihn sind solche Phasen im Glauben keine Tragödie, im Gegenteil: Wie das Beispiel Johannes des Täufers zeigt, können gerade solche dürren und unfruchtbaren Zeiten zu besonderen Gnadenerfahrungen werden.

Nicht glauben zu können, keine Lust mehr zum Beten haben, nichts mehr wissen wollen, von all diesem „kirchlichen Zinnober", keine Freude mehr an Gott empfinden, all das ist kein Zeichen dafür, dass man nun endlich dem Atheismus und Unglauben erlegen ist. Solche Zeiten gehören zum ganz normalen Glaubensalltag, genauso wie es solche Zeiten in jeder anderen Beziehung unter Menschen auch gibt. Es sind Krisenzeiten, die sehr lehrreiche Erfahrungen hervorbringen können, die uns helfen, unser Leben viel besser zu bestehen.

Wenn ich das erkannt habe, ertrage ich auch leichter die Schwere dieser Zeiten, und vor allem verliere ich nicht die Hoffnung, die ich brauche, um nicht aufzugeben.

Gott ist eben nicht immer das verträumte Christkind im lockigen Haar und Glaube nicht immer ein Weihnachtsfest. Im Gegenteil: Nicht der Weihnachtsbaum brachte die Erlösung, sondern das Kreuz.

Fragen zum Nachdenken:

- Kennst du Trockenheit und Unlust im Glauben?
- Betrachtest du solche Zeiten eher als Chance oder als Belastung?
- Bist du bereit, für den Glauben auch Durststrecken auf dich zu nehmen?

Mein Herzensgebet durch den Tag:

Es lebe Jesus,
meine Quelle in Zeiten der Trockenheit!

8. Dezember

HOCHFEST DER OHNE ERBSÜNDE EMPFANGENEN JUNGFRAU MARIA

– Bischofsweihe des heiligen Franz von Sales (1602) –

Franz von Sales

„Wir nennen Maria schön, aber schön wie der Mond, der sein Licht von der Sonne empfängt, denn sie empfängt ihre Ehre von der ihres Sohnes: zuerst durch die Gnade ihrer unbefleckten Empfängnis, dann durch die Menschwerdung, als er ganz ihr Sohn wurde und sich in ihrem kostbaren Schoß barg. Dadurch wurde der Wohlgeruch so groß, dass keine andere Pflanze je einen solchen hat; ein Duft, der Gott so angenehm ist, dass die Gebete, die ihn angenommen haben, niemals zurückgewiesen werden und nie vergeblich sind. Aber die Ehre dafür fällt auf den Sohn zurück, von dem sie den Duft empfangen hat." (DASal 9,119)

Man mag zur Marienverehrung stehen, wie man will, Maria ist dennoch eine zentrale Figur in der Geschichte Gottes mit den Menschen. Ihr Ja zu Gott war wichtig, damit Gott Mensch werden konnte.

Franz von Sales beschreibt Maria in den verzücktesten Bildern seiner barocken Welt, Bilder, mit denen wir heute oft nichts anfangen können. Für ihn ist diese „Schönheit" Marias allerdings stets das Ergebnis der Ehre, die ihr von Gott geschenkt wurde, weil sie Ja zu ihm sagte und dieses

Ja ihr Leben lang, trotz größter Schwierigkeiten, durchhielt.

Wie der Mond das Licht der Sonne spiegelt, so spiegelt Maria in Vollendung die Liebe Gottes zu uns Menschen. Wenn wir also Maria verehren, dann verehren wir vor allem Jesus, den sie geboren hat, und Gott Vater, der sie so erschaffen hat, wie es seinem göttlichen Erlösungsplan am Geeignetsten erschien.

In Maria wird deutlich, wozu Gott auf dieser Welt fähig ist, wenn wir seinen Plänen, so unverständlich und unlogisch sie auch sein mögen, nicht mit Ablehnung, sondern mit Zustimmung begegnen.

Das lehrt uns Maria vor allem: Sag Ja zu Gott, auch wenn du sein Handeln nicht begreifst.

Fragen zum Nachdenken:

- Welche Rolle spielt Maria in deinem Leben und Glauben?
- Ist dir bewusst, dass sie dir eine mächtige Fürsprecherin sein kann?
- Wie gehst du mit Gott um, wenn du ihn nicht verstehst?

Mein Herzensgebet durch den Tag:

Es lebe Jesus,
der Maria als seine Mutter erwählte.

9. Dezember

Franz von Sales:

„Bewundernswertes Schweigen des göttlichen Kindes. Die anderen Kinder sprechen nicht, weil sie nicht können, er dagegen, weil nicht die Zeit zu sprechen, sondern zu schweigen ist."
(DASal 9,159)

Advent und Weihnachten, die stillste Zeit im Jahr ...

Manchmal kostet uns diese bekannte Charakterisierung nur ein müdes Lächeln. Die Wirklichkeit spricht eine andere Sprache: Hektik, Stress, Lärm, Unruhe.

Trotzdem lebt in uns die Sehnsucht nach Stille und wir haben es gern, wenn uns die stillste Zeit im Jahr dazu aufmuntert, auch wirklich still zu werden, der Ruhe Raum zu geben.

Das bewundernswerte Schweigen des göttlichen Kindes verleitet auch Franz von Sales zu dieser Sehnsucht. Jetzt ist nicht die Zeit zu sprechen, sondern zu schweigen.

Je länger Franz von Sales lebte, um so mehr spürte er in sich diese Sehnsucht nach Ruhe. Er wollte sich in eine Einsiedelei in den Bergen um Annecy zurückziehen, dort den fallenden Schnee betrachten und Gott mit dem Rosenkranz und der Schreibfeder dienen. Ganz still, ganz schweigend, ganz in Gott gesammelt.

Es kam nie dazu, weil es sein Arbeitsalltag nicht zuließ. Dennoch gönnte er sich in den letzten Jahren seines Lebens immer öfter Stunden der Stille; am Abend zum Beispiel oder bei seinen Besuchen in Klöstern, in denen er länger blieb als notwendig war, um sich eben neben seinen Pflichten auch ein paar Tage Ruhe zu gönnen.

Einsamkeit und Stille können töten, wenn sie nur Leere in sich haben, sie können jedoch zur Quelle neuer Kraft und Freude werden, wenn sie mit der Gegenwart Gottes gefüllt sind.

Fragen zum Nachdenken:

- Gönnst du dir gerade jetzt in der Adventszeit auch Zeiten der Stille?
- Was kannst du tun, damit Stress und Hektik in deinem Leben nicht überhand nehmen?
- Nimmst du dir heute eine Stunde Zeit, um in Stille die Gegenwart Gottes zu genießen?

Mein Herzensgebet durch den Tag:

Es lebe Jesus,
der mich zur Ruhe und Stille
in seiner Gegenwart ermutigt.

10. Dezember

Franz von Sales:
„Seht, Christus kommt uns suchen; die Kirche lädt uns ein, ihn gut zu empfangen." (DASal 9,142)

Teresa von Avila sagte einmal: „Gott ist so groß, dass er es Wert ist, von uns ein Leben lang gesucht zu werden."

Franz von Sales stimmt dem voll und ganz zu, er ist allerdings noch von etwas Anderem überzeugt: Für Gott ist der Mensch so groß, dass Gott als Mensch auf die Erde kommt, um den Menschen zu suchen.

In den Evangelien finden wir viele Beispiele, in denen dies bestätigt wird: die Gleichnisse vom verlorenen Schaf, der verlorenen Drachme oder dem verlorenen Sohn (Lk 15,1-32); Jesus, der gerade auf die Sünder, auf die Verlorenen zugeht und sie zur Umkehr und Nachfolge bewegt (vgl. Zachäus, Lk 19,1-10).

Dieser Gedanke faszinierte Franz von Sales ganz besonders: Gott hat den Menschen zuerst geliebt und sich auf die Suche nach ihm gemacht.

Die Suche des Menschen nach Gott ist eine natürliche Reaktion und Antwort auf diese Liebe, die Gott dem Menschen gibt. Im Grunde ist es schon ein Gebot der Höflichkeit, dass ich dem, der sich um mich bemüht, entgegenkomme. Jeder ist daher eingeladen, Gott gut zu empfangen. Es ist ja nicht irgendein Gott, sondern Christus, der uns suchen kommt. Er ist an unserem Wohl interessiert. Es ist ihm nicht egal, wie wir durchs Leben gehen, ob wir ans Ziel kommen oder ins Verderben rennen.

Einem solchen Gott einen guten Empfang zu bereiten, ist nur recht und billig. Doch ist auch das nur eine Einladung, die die Kirche im Auftrag Gottes ausspricht, denn Gott respektiert unsere Freiheit: Bereitet dem, der euch sucht, einen guten Empfang.

Fragen zum Nachdenken:

- Wie geht es dir mit dem Gedanken, dass Gott dich sucht?
- Bist du bereit, dich finden zu lassen?
- Was könntest du konkret tun, um Gott gut zu empfangen?

Mein Herzensgebet durch den Tag:

Es lebe Jesus,
der mich sucht, wenn ich verloren bin.

11. Dezember

Franz von Sales:
„Das Manna kam als Speise der Menschen; so auch Christus. Daher wurde er in Betlehem geboren, d. h. Haus des Brotes. Er ist Speise in der Eucharistie, ebenso mystisch Speise des Herzens für alle Menschen." (DASal 9,159)

Das Manna, das vom Himmel fiel, rettete das Volk, das Mose durch die Wüste führte, vor dem Hungertod (Ex 16,11-31). Franz von Sales verwendet dieses Bild, um uns klar zu machen, was Menschwerdung und Erlösung Gottes für die Menschen bedeutet.

Gott kommt, damit er unseren Hunger stillt. Er schenkt uns nicht nur Manna oder Brot, er schenkt sich uns selbst. Jesus wird zum Brot des Lebens für die Menschen (Joh 6,35).

So einfach wie das tägliche Brot ist unser Gott zu verstehen:

Wir dürfen unseren Gott essen wie Brot. Er möchte für uns Nahrungsmittel sein. Er macht sich für uns zum Lebensmittel, zum Brot, damit wir leben können.

Er stillt unseren Hunger nach Liebe, Freiheit, Frieden, Gerechtigkeit, Erlösung und dem ewigen Leben. Er ist die Speise für unser Herz. Alles, was das Herz begehrt, jede Sehnsucht des Menschen wird von Gott gestillt.

Der zentrale Ort, wo Gott sich als Brot verschenkt, ist für Franz von Sales natürlich das Sakrament der Eucharistie. Er nennt die Heilige Messe daher auch die Sonne aller Gebete und geistlichen Übungen.

In dem unscheinbaren Brot, das sich in diesem Sakrament in den Leib Christi verwandelt, schenkt sich Gott als Nahrung für unsere Herzen.

Fragen zum Nachdenken:

- Wonach sehnt sich dein Herz?
- Glaubst du daran, dass Gott diesen Hunger stillen kann?
- Welche Bedeutung hat für dich das Sakrament der Eucharistie?

Mein Herzensgebet durch den Tag:

Es lebe Jesus,
das Brot meines Lebens!

12. Dezember

JOHANNA FRANZISKA VON CHANTAL

Franz von Sales:

„Unsere Seelen sollen nicht aus sich heraus, sondern in sich hinein ein Kind gebären, ein edles und schönes Kind, wie man es lieblicher nicht wünschen kann; Jesus soll in uns geboren werden. Er soll in uns Gestalt gewinnen." (DASal 5,51)

Die Beziehung zwischen Johanna von Chantal und Franz von Sales gilt in der Kirchengeschichte als Musterbeispiel heiliger Freundschaft.

Franz selbst nennt ihre gegenseitige Liebe einmal „weißer als der Schnee und reiner als die Sonne" (DASal 5,93) – eine Liebe, die Gott selbst in ihre Herzen gelegt hat. Vor allem war es keine Liebe, die an der Oberfläche stehen blieb, den anderen auf Distanz hielt, sondern in die Tiefe ging, bis hinein in die Seele.

So sollte sich auch unsere Beziehung zu Gott entwickeln. In der Menschwerdung verbindet sich Gott voll und ganz mit dem Menschen. Vollkommener kann diese Verbindung nicht mehr sein.

Mit ganzem Herzen und mit ganzer Seele wird Gott eins mit dem Menschen und er wünscht sich, dass auch der Mensch sich ganz mit ihm verbindet. Oberflächliches Getue ist ihm nicht genug, Liebe auf Distanz mit Wenns und

Abers ist ihm viel zu wenig. Er möchte ganz tief in uns ein Zuhause finden, in unserer Seele.

Deshalb wünscht auch Franz von Sales: Jesus soll in uns geboren werden, in uns Gestalt gewinnen. Etwas Schöneres und Liebevolleres kann es für den Menschen nicht geben. Der Grund ist die Liebe selbst, die sich mit nicht weniger zufrieden gibt als mit dem ganzen Menschen.

Fragen zum Nachdenken:

- Wie nahe lässt du Gott an dich heran? Hältst du ihn auf Distanz?
- Möchtest du Gott in dein Leben einlassen?
- Was kannst du tun, um Gott in dir lebendig werden zu lassen?

Mein Herzensgebet durch den Tag:

Es lebe Jesus,
dessen Liebe zu mir in die Tiefe geht.

13. Dezember

Franz von Sales:
„Diese Geburt Christi oder Christus als Kind gefällt allen, die es wollen. Er gefällt den Hirten, weil er Hirte ist, den Königen als König, dem Simeon als Priester, der Prophetin Hanna als Prophet; er gefällt in der Tat allen." (DASal 9,159)

Weihnachten ist tatsächlich ein Fest, dass allen gefällt – nicht nur den Christen.

Irgendwie trifft diese Idylle im Stall von Betlehem jeden Menschen. Ob gläubig oder ungläubig, man kann sich diesem Fest nicht entziehen. Wer mit Weihnachten nichts zu tun haben will, kommt trotzdem nicht an diesem Fest vorbei, nicht einmal, wenn er auf die Malediven flüchtet.

Weihnachten ist überall. Dafür sorgt schon die Werbe- und Unterhaltungsindustrie. Kein Fest wird so lange vorbereitet und so intensiv genutzt wie Weihnachten.

Jesus gefällt in der Tat allen, die es wollen: dem Kind, das sich auf die Geschenke freut, den Armen, die auf soziale Großzügigkeit hoffen, den Händlern, die das große Geschäft wittern, den Romantikern, die endlich wieder „Stille Nacht" singen dürfen.

Wenn auch ein Christ ein ganzes Jahr lang nichts mit der Kirche am Hut hat, die Weihnachtsmette lässt er sich nicht entgehen. Da liegt etwas in der Luft, das ihn anzieht, das er nicht missen möchte, ein Flair des Besonderen. Was ist es?

Es liegt wahrscheinlich an der Tatsache, dass sich in diesem Fest Gott den Menschen total ausliefert, so wie ein Baby sich völlig der Mutter anvertraut.

Einen solchen Gott kann man missbrauchen, wirtschaftlich benutzen oder als Firlefanz bekämpfen, man kann ihn allerdings nicht ignorieren. Er bringt in uns nämlich eine Saite zum Schwingen, die uns gefällt.

Fragen zum Nachdenken:

- Was gefällt dir an dem Kind Jesus?
- Was würde dir fehlen, wenn Weihnachten nicht gefeiert würde?
- Wo missbrauchst du das Weihnachtsfest?

Mein Herzensgebet durch den Tag:

Es lebe Jesus!
Aus Liebe lieferte er sich den Menschen aus.

14. Dezember

JOHANNES VON KREUZ

Franz von Sales:
„Die Geburt Jesu ist ja ein Geheimnis, das verborgen ist im Dunkel und in der Finsternis der Nacht; nicht als ob das Geheimnis dunkel in sich selbst wäre, denn Gott ist nur Licht (Joh 1,5.9). Man weiß ja, dass unsere Augen nicht fähig sind, das Licht oder die Klarheit der Sonne zu betrachten, ohne zu erblinden. Ebenso liegt das, was uns daran hindert, das Geheimnis der hochheiligen Geburt Unseres Herrn zu begreifen, nicht daran, dass es in sich dunkel wäre, sondern daran, dass es nichts als helles Licht ist." (DASal 9,207)

Der heilige Johannes von Kreuz ist bis heute berühmt durch sein Buch „Die dunkle Nacht". Er geht darin den Weg in die finsteren Abgründe, in die der Glaubende stürzen kann. Glaubensfinsternis bis an die Grenze des Unglaubens.

Gott wird als tot erlebt, unspürbar, nicht mehr da, leer. Die dunkelste Stunde der Gott-Losigkeit kann jedoch zur Stunde der tiefsten Gottesbegegnung werden.

Dunkelheit und Licht spielen in der Weihnachtsliturgie eine wichtige Rolle.

Der Apostel Johannes stellt am Anfang seines Evangeliums die Worte: „Das Licht leuchtet in der Finsternis, und die Finsternis hat es nicht erfasst" (Joh 1,5). Die vier Kerzen des Adventskranzes werden am Fest selbst ergänzt durch den hell erleuchteten Lichterbaum.

Franz von Sales, der die Bildsprache besonders liebt, bedient sich mit Begeisterung des Gegensatzes von Licht und Finsternis, um das Geheimnis der Menschwerdung darzustellen. Und das Geheimnis ist es, das ihn dabei am meisten fasziniert.

So wie die Augen die Klarheit der Sonne nicht betrachten können, ohne blind zu werden, so können auch wir die wahre Helligkeit der Menschwerdung nicht ergründen. Die hochheilige Geburt unseres Herrn ist eben weit mehr, als wir beschreiben und erklären können. Gott wird Mensch – wer soll das begreifen?

Vielleicht erspürt man es am besten, wenn jemand die finstersten Abgründe des Lebens betreten hat und plötzlich ein Licht sieht.

Fragen zum Nachdenken:

– Was macht dein Leben finster?
– Woher kommt Licht in dein Leben?
– Wie lässt du dein Leben von Gott bestrahlen?

Mein Herzensgebet durch den Tag:

Es lebe Jesus!
Er ist das Licht in den finsteren Stunden meines Lebens.

15. Dezember

Franz von Sales:
„Seht doch, wie arm Jesus ist. Armut der Wohnung, Armut der Kleidung, Armut der Nahrung. Er nennt nichts sein Eigen. Niedrigste Armut. Nackt ist er auf Erden erschienen." (DASal 9,159)

Gottes Solidarität mit den Armen ist ihm im wahrsten Sinne des Wortes in die Wiege gelegt. Für Franz von Sales ist dabei der Gedanke besonders wichtig, dass Gott diesen Weg ganz bewusst und freiwillig gewählt hat.

In seiner Allmacht hätte er auch anders gekonnt: Geboren im Luxus, als erstgeborener Prinz in einem reichen Schloss, umrahmt von Gold, umwickelt von feinstem Linnen. Doch Gott entschied sich anders.

Er wählte ein einfaches Mädchen aus dem Volk zu seiner Mutter, einen Handwerker zu seinem Vater, er entschied sich für eine Geburt in Armut, nackt und wehrlos. Er wollte heimatlos und ausgestoßen sein Leben auf dieser Welt beginnen.

Gott wurde nicht nur den Menschen gleich, er erniedrigte sich noch mehr, er wurde zum Sklaven der Menschen (Phil 2,6-11).

Das ist ein besonderes Zeichen: Gott ist auf der Seite der Armen, der Ausgestoßenen, der Heimatlosen, der Niedrigsten. Und es ist eine besondere Botschaft an alle, die Christus folgen: Euer Platz ist nicht bei den Reichen, sondern bei den Armen. Die Option für die Armen gehört zum Wesentlichen des christlichen Glaubens, ob uns das schmeckt oder nicht.

Weihnachten fördert in uns das soziale Bewusstsein. Es gibt eine Menge Hilfsaufrufe und Spendenaktionen. Millionen werden dabei umgesetzt und das ist gut, aber: Dient die Spende nur zur Beruhigung des schlechten Gewissens, dann ist das zu wenig. Zur Solidarität mit den Armen gehört ein bisschen mehr.

Fragen zum Nachdenken:

- Gefällt dir ein Gott, der die Armut gewählt hat?
- Darfst du also nicht mehr reich sein, weil Gott arm ist?
- Welche Zeichen setzt du, um Gottes Solidarität mit den Armen zu verwirklichen?

Mein Herzensgebet durch den Tag:

Es lebe Jesus,
der sich auf die Seite der Armen stellt.

16. Dezember

Franz von Sales:

„Wie sehr müsst ihr von Freude erfüllt sein, da ihr vom göttlichen Heiland heimgesucht werdet. Er ist da, klopft an und sagt euch, was er will, dass ihr aus Liebe zu ihm tun sollt." (DASal 9,277)

Ein anderes Wort des heiligen Franz von Sales lautet: „Ich verstehe wirklich nicht, wie Seelen, die sich der göttlichen Güte hingegeben haben, nicht immer fröhlich sind, denn gibt es ein Glück gleich diesem¿" (DASal 6,274)

Ja, das ist so eine Sache mit der Freude im Glauben und dem Glück, Christ zu sein, Gott zu gehören, vom göttlichen Heiland heimgesucht zu werden.

Franz von Sales war erfüllt von diesem Glücksgefühl und daher wird er nicht müde, den Menschen immer wieder von diesem Glück und dieser Freude vorzuschwärmen, in der Hoffnung, dass sie davon angesteckt werden.

Und es ist ja tatsächlich etwas sehr Schönes, von Gott besucht zu werden. Er ist da, bei allem, was ich tue und lebe. Er schaut auf mich, sorgt sich um mich. Er thront nicht irgendwo auf einer Wolke und wartet, bis die Menschen zu ihm kommen.

Im Gegenteil: Er klopft an, wenn ich ihm einmal die Tür vor der Nase zugeschlagen habe. Und er gibt uns Tipps, wie wir leben können, damit die Liebe in uns, in dieser Welt und zu Gott wachsen kann.

Salesianisch leben, also leben im Geist des heiligen Franz von Sales, heißt: leben im Bewusstsein, dass Gott für mich da ist und mich liebt, so sehr, dass er seinen Sohn in die Welt gesandt hat, damit er die Menschen besuchen und erlösen kann.

Fragen zum Nachdenken:

– Bist du von Freude erfüllt, wenn du an Gott denkst?
– Was bedeutet dir die Aussage: „Gott ist für mich da?"
– Was könntest du heute aus Liebe zu Gott tun?

Mein Herzensgebet durch den Tag:

Es lebe Jesus,
der für mich da ist und mich besuchen kommt.

17. Dezember

Franz von Sales:

„Bei den Tieren liegend, erträgt Jesus gern ihr Schnauben. Außerdem liebt er diese Tiere, weil das eine das Joch trägt, das andere Lasten, das eine mühselig ist, das andere beladen. Daher: Kommt zu mir, die ihr mühselig und beladen seid, ich will euch erquicken (Mt 11,28)." (DASal 9,159)

Eine wunderbare Idee, die Franz von Sales hier eingefallen ist. Das Bild des Ochsen und des Esels verbindet sich mit dem Wort Jesu: „Kommt alle zu mir, die ihr euch plagt und schwere Lasten zu tragen habt. Ich werde euch Ruhe verschaffen ... Denn mein Joch drückt nicht und meine Last ist leicht" (Mt 11,28.30).

Der Ochse wird zum Symbol des Joch-Trägers, der Esel das Bild des Lasten-Trägers. Schon als Kind, so Franz von Sales, verwirklicht Jesus, was er später verkünden wird: Die Mühseligen und Beladenen werden in seiner Gegenwart Ruhe finden.

Gott lädt uns ein, mit unseren Lasten zu ihm zu kommen. Er erträgt unser Klagen, Stöhnen und Schnauben. Es ist also bei weitem nicht so, dass unser Gott von all unseren Leiden nichts wissen will. Im Gegenteil: Wir dürfen zu ihm kommen und ihm davon erzählen. Und das kann sehr wohltuend sein, vor allem, wenn man sonst niemanden hat, bei dem man seine Sorgen loswerden kann.

Gott will nicht nur unseren Lobpreis, er möchte auch unsere Klagen. Franz von Sales schrieb an Johanna von Chantal einmal: „Ich heiße es gut, dass Sie dem guten Heiland Ihr Leid klagen, aber liebevoll und ohne Ungestüm" (DASal 5,74).

Das Bild des Kindes im Stall mit Ochs und Esel beschreibt die gleiche Aussage auf sehr romantische Weise, es trifft jedoch einen Kern unsere Beziehung zu Gott: Er hört zu und lindert unseren Schmerz.

Fragen zum Nachdenken:

– Welches Leid bedrückt dich?
– Erzählst du in deinen Gebeten Gott von deinen Lasten?
– Glaubst du daran, dass Gott dir Ruhe verschaffen kann?

Mein Herzensgebet durch den Tag:

Es lebe Jesus!
Er hört mir zu, auch wenn ich klage.

18. Dezember

– Priesterweihe des heiligen Franz von Sales (1593) –

Franz von Sales:
„Jesus weint. Die natürliche Erklärung, warum die Neugeborenen weinen, ist, dass sie nach der Wärme und Geborgenheit im Mutterschoß zum ersten Mal die Kälte, das Licht und eine ungewohnte Luft spüren. Die mystische Erklärung: weil sie geboren werden, um zu sterben und viel zu leiden." (DASal 9,160)

Einsamkeit, Kälte, Leid, Sterben und Tod gehören zum Leben. Daran ist nichts zu rütteln. Gerade während der Advents- und Weihnachtszeit kann uns diese Tatsache besonders tief treffen.

Weihnachten soll schön sein, fröhlich, vom Sterben und Leiden will man da nichts wissen. Der Dezember ist eine Zeit, in der man auf Geburt eingestellt ist, aber nicht auf das Sterben. Gerne wollen wir von Weihnachtswundern hören, vor den Weihnachtskatastrophen drücken wir uns. Dennoch bietet uns die Wirklichkeit jedes Jahr beides.

Franz von Sales wird dem in seinen Meditationen über die Geburt des göttlichen Kindes gerecht. Er beschreibt enthusiastisch das unbegreifliche Wunder der Heiligen Nacht, das strahlende Licht aus der Höhe, aber er weist auch auf die Kälte hin, die Armut, das Sterben und den Tod.

Es klingt hart, aber entspricht der Realität: Jeder Mensch

wird geboren, um zu sterben und viel zu leiden. Diese Aussage des heiligen Franz von Sales grenzt fast schon an Nihilismus. Was aber unterscheidet Franz von Sales von Jean-Paul Sartre, Pierre Camus oder Friedrich Nietzsche? Der weinende Gott.

Jesus weint als Kind und er wird später über den Tod seines Freundes Lazarus weinen (Joh 11,35). Er ist kein gleichgültiger Gott ohne Mitleid und Mitgefühl, im Gegenteil: er weint und lässt sich vom Leid dieser Welt berühren.

Fragen zum Nachdenken:

- Verdrängst du die Realität von Leid und Tod aus deinem Leben?
- An welchen Gott glaubst du, wenn du an das Leid dieser Welt denkst?
- Wer in deinem Bekanntenkreis ist gerade jetzt mit Leid konfrontiert und braucht deine Hilfe?

Mein Herzensgebet durch den Tag:

Es lebe Jesus,
dem meine Sorgen und Nöte nicht gleichgültig sind.

19. Dezember

Franz von Sales:
„Weihnachten ist der Tag, an dem die Engel das Paradies auf Erden suchen kommen, wohin es gewiss auch niedergestiegen ist in die kleine Höhle von Betlehem." (DASal 7,34)

Das ist das im wahrsten Sinne des Wortes Ver-rückte an der Geschichte Gottes mit den Menschen. Bei der Menschwerdung Gottes ist der Himmel plötzlich nicht mehr im Himmel zu suchen, sondern auf der Erde.

Und dieser Himmel präsentiert sich überraschend anders als wir meinen: Er findet sich in der kleinen Höhle von Betlehem.

Franz von Sales erkennt, was die Menschwerdung Jesu deutlich zum Ausdruck bringt: Das Paradies hat nichts mit Äußerlichkeiten zu tun. Ein schönes Haus, ein Auto, ein Computer, ein Swimmingpool und eine Jacht können die Hölle auf Erden sein, auch wenn sie allgemein den Himmel versprechen.

Das paradiesische Glücksgefühl hat andere Ursachen. Gott wohnt dort, wo man ihn einlässt, sagt Martin Buber, und dort wo man ihn einlässt, sagt Franz von Sales, dort ist auch das Paradies.

Die Gegenwart Gottes ist es also, die paradiesische Zustände schafft, und sonst nichts. Ohne Gott ist der Mensch nicht nur allein, er lebt auch in der Hölle, denn die Hölle ist dort, wo Gott nicht ist. Mit Gott jedoch wird jeder Ort, so gottlos und unhimmlisch er sich auch zeigen mag, zum Paradies auf Erden.

Die Engel wissen das, meint Franz von Sales, der Mensch muss immer wieder darauf aufmerksam gemacht werden.

Fragen zum Nachdenken:

- Wo suchst du deine Paradiese?
- Wo meinst du jenes Glück zu finden, das wir paradiesisch nennen?
- Lässt du Gott in dein Leben?

Mein Herzensgebet durch den Tag:

Es lebe Jesus!
In seiner Gegenwart erlebe ich das Paradies auf Erden.

20. Dezember

Franz von Sales:
„Um Weihnachten gut zu feiern, werden wir vor allem unseren Verstand demütigen und anerkennen, dass er in keiner Weise fähig ist, auf den Grund dieses großen Geheimnisses vorzudringen, das ein wahrhaft christliches Mysterium ist." (DASal 9, 207)

Demut soll die letzte Botschaft gewesen sein, die Franz von Sales vor seinem Tod von sich gegeben hat. Mit Sicherheit ist Demut eine ganz zentrale salesianische Tugend.

Sie steht für das Eingeständnis, dass nicht der Mensch, sondern Gott die Fäden in der Hand hält, und dass Gott den Menschen damit nicht zum Sklaven seiner Willkür macht, sondern zur wahren Freiheit führt.

Erneut tut sich dadurch eine ver-rückte Welt auf, die Franz von Sales so scharfsinnig erkannte: Nicht die Befreiung von Gott macht frei, sondern die Bindung an ihn. Je mehr wir uns von Gott fesseln lassen, umso befreiter können wir durchs Leben gehen.

Beim Geheimnis des Weihnachtsgeschehens ist das ähnlich. Die tatsächliche Großartigkeit der Menschwerdung Gottes können wir nicht verstehen. Je mehr wir meinen, es dennoch zu können, um so weniger werden wir erreichen.

Wer jedoch in Demut das Geheimnis als Geheimnis belässt und anerkennt, kommt seiner Unbegreiflichkeit am nächsten.

Nicht-verstehen-Können bringt also ein Mehr an Verständnis des großen Geheimnis der Geburt Jesu. So ver-rückt kann Glaube sein.

Die Demut hilft, sich dieser Ver-rücktheit anzunähern.

FRAGEN ZUM NACHDENKEN:

- Was hältst du von der Demut?
- Welche Gedanken fallen dir ein, wenn du das Geheimnis der Menschwerdung betrachtest?
- Erkennst du an, dass die Größe dieses Geheimnisses dein Erkennen übersteigt?

MEIN HERZENSGEBET DURCH DEN TAG:

Es lebe Jesus!
In Demut neige ich meinen Verstand vor deiner Größe.

21. Dezember

Franz von Sales:
„Stellen Sie sich vor, Sie sehen den heiligen Josef und die seligste Jungfrau vor ihrer Entbindung in Betlehem ankommen und überall eine Herberge suchen, ohne jemanden zu finden, der sie aufnehmen wollte. Ach, welche Verachtung der Herrlichkeiten der Welt hat uns der göttliche Erlöser gelehrt!" (DASal 12,215)

Antoine de Saint-Exupèry hat uns im „kleinen Prinzen" etwas Wichtiges gelehrt: „Man sieht nur mit dem Herzen gut, das Wesentliche bleibt dem Auge unsichtbar."

Ähnliches können wir auch in der Tatsache entdecken, dass Christus auf die Herrlichkeiten der Welt verzichtet hat, als er auf die Erde kam und in ihr lebte. Er wusste, dass diese Herrlichkeiten nicht das Wesentliche des Lebens ausmachen.

Jesus hatte keinen Blick für Äußerlichkeiten, sein Blick traf das Innerste des Menschen, sein Herz. Die Welt konnte damit wenig anfangen. Von Anfang an war Jesus ein Außenseiter. Für ihn gab es nicht nur keine Herberge, nicht einmal der Ort, wohin er sein Haupt beim Schlafen legte, so wird er später sagen, konnte er sein Eigen nennen (Mt 8,20). Das Wort kam in sein Eigentum, aber die Seinen nahmen ihn nicht auf, so lesen wir im Johannes-Prolog (1,11).

Dort jedoch, wo die Sicht des Herzens zählt und nicht der äußere Blick des Auges, dort wurde Jesus aufgenommen:

bei Josef und Maria, bei den Hirten, den Sterndeutern, den Blinden und Lahmen, den Zöllnern und Sündern, den Fischern und Ehebrechern.

Dort, wo dein Herz sieht, öffnest du dich für Gott, weil das Wesentliche dem Auge unsichtbar bleibt. Nicht umsonst hat Franz von Sales seiner Johanna von Chantal geraten, den Namen Jesu nicht auf ihre Brust, sondern in ihr Herz zu schreiben (DASal 5,89f).

Fragen zum Nachdenken:

- Wie betrachtest du deinen Glauben: mit den Augen oder mit dem Herzen?
- Was ist für dich in deinem Leben wesentlich?
- Lässt du Gott in dein Herz?

Mein Herzensgebet durch den Tag:

Es lebe Jesus,
der mich mit seinem Herzen sieht.

22. Dezember

Franz von Sales:

„Bei all unseren Werken, die wir schaffen oder beginnen, haben wir, falls wir gut beraten sind, das Ziel vor Augen ... Der ewige Vater hat dasselbe getan, als er die Welt erschuf; er plante ja, sie für die Menschwerdung seines Sohnes zu schaffen, der das ewige Wort ist. Das Ziel seines Werkes war also dessen Anfang, denn seine göttliche Weisheit hat ja von aller Ewigkeit vorhergesehen, dass das Wort unsere Natur annehmen und auf dieser Erde kommen soll." (DASal 9,464)

Der heilige Franz von Sales wurde 1877 zum Kirchenlehrer ernannt. Die Theologen seiner Zeit fragten sich, ob Gott auch dann Mensch geworden wäre, wenn der Mensch nicht gesündigt hätte. Franz von Sales beantwortet diese Frage eindeutig mit Ja.

Von Ewigkeit her hat Gott alles für seine Menschwerdung geplant. Ja, seine ganze Schöpfung hat er deshalb so gestaltet, wie sie ist, um einen würdigen Platz für seinen Sohn zu bereiten.

Jesus kam also nicht nur in die Welt, um uns von unseren Sünden zu erlösen, er kam auch, um den Menschen mit Gott zu vereinen. Dieses Ziel verfolgt Gott seit der Erschaffung der Welt.

Vielleicht ist uns diese theologische Frage heutzutage weniger wichtig. Beim Nachdenken über die Antwort des heiligen Franz von Sales wird jedoch deutlich, welch großartiger Plan hinter Weihnachten steckt, und welch schöne Aussage: Gott wollte immer schon Mensch werden. Das war von Anfang an sein Ziel.

Weihnachten ist also nicht die Folge der Sünde und Bosheit der Menschen, sondern Ausdruck der übergroßen Liebe, die Gott gegenüber seiner Schöpfung und den Menschen empfindet. Diese Liebe ist so groß, dass er sich mit den Menschen verbinden will, eins werden will.

Das Geheimnis der Menschwerdung zeigt: Der Mensch ist kein Zufallsprodukt eines Experimentiergottes, der Mensch ist vielmehr das Ziel seiner Liebe.

Fragen zum Nachdenken:

- Bist du dir bewusst, wie sehr Gott dich liebt?
- Wie antwortest du auf die Liebe Gottes?
- Welche Ziele hast du in deinem Leben?

Mein Herzensgebet durch den Tag:

Es lebe Jesus,
dessen Menschwerdung Gottes Liebe
zu uns Menschen offenbart.

23. Dezember

Franz von Sales:
„Morgen wird er geboren, und ihr werdet ihn als ganz kleines Kind in einer Krippe liegend sehen." (DASal 9,206)

Jesus Christus hatte ein besonderes Verhältnis zu Kindern. Lasst die Kinder zu mir kommen, forderte er seine Jünger auf, denn ihnen gehört das Himmelreich (Mt 19,14).

Und einmal sagte er sogar: Wenn ihr nicht werdet wie die Kinder, dann könnt ihr nicht in das Himmelreich gelangen (Mt 18,3).

Ganz kleine Kinder, Babies, strahlen in ihrer Hilflosigkeit und ihrem Kleinsein ein bedingungsloses Vertrauen aus. Damit werden sie zum Symbol des Vertrauens, das sich Gott von uns Menschen wünscht. In diesem kindlichen Vertrauen besteht unser Weg zu Gott.

Wenn nun Gott nicht nur als Mensch auf die Erde kommt, sondern als Baby, dann offenbart sich darin das Urvertrauen, das Gott zu uns Menschen hat.

Gott vertraut auf uns, in seiner Kindwerdung traut er sich uns an und er traut uns zu, dass wir Menschen gut mit ihm umgehen. Er macht sich hilflos wie ein Baby, um uns sein Vertrauen, das er zu uns Menschen hat, in seiner ganzen Tiefe zu beweisen.

Ein ganz kleines Kind in der Krippe liegend: mehr hat Gott nicht zu bieten, aber auch nicht weniger.

Fragen zum Nachdenken:

– Vertraust du auf Gott wie ein Kind?
– Wie fühlst du dich bei dem Gedanken, dass Gott dir volles Vertrauen schenkt?
– Gibt es Gründe, Gott nicht zu vertrauen?

Herzensgebet durch den Tag:

Es lebe Jesus!
Ich vertraue ihm und er vertraut auf mich.

24. Dezember

HEILIGER ABEND

Franz von Sales:
„So wird Christus heute in der Nacht geboren, unsichtbar, auf eine Weise, die dem menschlichen Geist unbegreiflich ist."
(DASal 9,158)

Die Unbegreiflichkeit und das Staunen, das sind die großen Antworten, die Franz von Sales letztlich auf das Weihnachtsgeschehen geben will. Die Unbegreiflichkeit soll nicht verstanden, sondern bestaunt werden.

Anton Bruckner hatte einmal nach der Christmette eine ganze Nacht auf der Orgelempore der Kirche von St. Florian verbracht. Am nächsten Tag wurde er nach dem Grund gefragt. Seine Antwort: Als ich mir des Wunders bewusst wurde, das in der Heiligen Nacht geschah, da konnte ich nur noch staunen. So sehr staunte Anton Bruckner, dass er Zeit und Raum und auch die Kälte vergaß, eine ganze Nacht lang.

Die letzte Predigt, die von Franz von Sales erhalten ist, hielt er in der Christmette des Jahres 1622, drei Tage vor seinem Tod. Er wollte seinen Zuhörern etwas vom Wunder der Menschwerdung erzählen. Es fehlten ihm jedoch die alles umgreifenden Worte und Bilder. Schließlich meinte er: „Wir sind gezwungen, diese Ausdrücke zu gebrauchen, weil wir keine anderen haben. Wenn wir Engel wären, würden wir von Gott ganz anders sprechen, auf viel vorzüglichere Weise. Aber ach, wir sind nur ein wenig Staub und Kinder, die nicht wissen, was sie sagen“ (DASal 9,464).

Menschenwort und Bildsprache ist also nur Stückwerk, was bleibt ist das Staunen und der Wunsch: Lassen wir Gott in allem seine Größe. Lassen wir ihm seine Unbegreiflichkeit, vor allem am Heiligen Abend.

Fragen zum Nachdenken:

- Wie wirst du die heutige Nacht verbringen?
- Kannst du über Weihnachten noch staunen?
- Lässt du Gott seine Unbegreiflichkeit?

Herzensgebet durch den Tag:

Es lebe Jesus!
Das Wunder seiner Menschwerdung lässt mich staunen.

Der hl. Franz von Sales
Mosaik im Franz von Sales-Hof in Ried im Innkreis, Oberösterreich,
von Benedict Schmitz OSFS

Weihnachten

25. Dezember

HOCHFEST DER GEBURT UNSERES HERRN

Franz von Sales:
„Der heilige Bernhard weilte einst ... in der Kirche und wartete auf den Beginn der Christmette. Inzwischen befiel ihn ein leiser Schlummer und er sah im Geiste ..., wie der Sohn Gottes ... geboren wurde und wie er in namenloser Demut und Liebe und zugleich in himmlischer Majestät erschien ... Dieses Gesicht erfüllte das liebevolle Herz des kleinen Bernhard mit so großer Freude, mit solchem Jubel und so inniger geistlicher Wonne, dass die Erinnerung daran sein ganzes Leben lang nachzitterte."
(DASal 3,193)

Gott ist Mensch geworden. Wer sich Zeit nimmt, einmal wirklich ernsthaft über diese Aussage nachzudenken, dem mag es tatsächlich so ergehen, wie dem heiligen Bernhard, von dem Franz von Sales hier berichtet. Freude und Jubel, geistliche Wonnen, die einen ein Leben lang begleiten.

Uns ist diese Faszination im Laufe der Jahrtausende ein wenig abhanden gekommen. Wir sagen das so einfach: Gott ist Mensch geworden. So, als sagten wir: Na und? Und wo liegt das Problem? Zu selbstverständlich kommt uns dieser Glaube über die Lippen.

Und dennoch liegt darin ein Wesen des Christentums, eine Besonderheit, die es nur in unserem Glauben gibt.

Die zweite Einzigartigkeit liegt in der Glaubenswahrheit, dass dieser Gott, der Mensch geworden ist, gekreuzigt wurde und auferstand. Der Jubel der Heiligen Nacht wird unterbrochen vom Schmerz des Kreuzes, um in der Freude der Auferstehung seinen Höhepunkt zu erlangen.

Darum geht es, wenn wir sagen: Ich bin Christ, d. h. ich glaube an die Menschwerdung Gottes, seinen Tod am Kreuz und seine Auferstehung ... und das mit allen Konsequenzen und ein Leben lang. In keiner anderen Religion gibt es etwas Vergleichbares.

Fragen zum Nachdenken:

- Was fühlst du bei der Aussage: „Gott ist Mensch geworden?"
- Nimmst du dir heute ein wenig Zeit, um über die Menschwerdung Gottes nachzudenken?
- Wie selbstverständlich nimmst du die christlichen Glaubenswahrheiten?

Herzensgebet durch den Tag:

Es lebe Jesus!
Seine Menschwerdung ist einzigartig.

26. Dezember

STEPHANUS

Franz von Sales:

„Diese Hingabe an Gott inmitten innerlicher und äußerlicher Schmerzen ist sehr gut und gut ist es auch, die Worte, die Sie mir anführen, von Zeit zu Zeit laut herzusagen, um das Herz wissen zu lassen, dass es in Gott ist, wofür diese Worte Zeugnis ablegen. Der große heilige Stephanus hatte gesagt: ‚O Herr Jesus, nimm meinen Geist auf', und nach diesen Worten entschlief er in unserem Herrn (Apg 7,58 f). Man muss also etwas Ähnliches sagen, in unserem Herrn ruhen und dann von Zeit zu Zeit die gleichen oder ähnliche Worte wiederholen und sich wieder zur Ruhe begeben." (DASal 5,335)

Dieses Fest passt nicht – oder doch? Es ist jedenfalls alles andere als ein Zufall, dass wir am zweiten Weihnachtsfeiertag das Fest des heiligen Stephanus begehen, dem ersten Märtyrer in der Geschichte des Christentums.

Ein Tag nach „Stille Nacht" und Geburtstagsfeier denken wir an den Tod, an Steinigung und Schmerz. Der Priester zieht das rote Gewand der Märtyrer an, nachdem er das goldene oder weißglänzende der kirchlichen Freudenfeste gerade abgelegt hat.

Die Liturgie macht uns damit auf etwas Wesentliches aufmerksam, was auch Franz von Sales immer wieder zum Ausdruck brachte: Weihnachten ist kein romantischer Firlefanz, auch wenn es oft so dargestellt wird. Wer an Weihnachten glaubt, also daran, dass Gott Mensch wurde, der muss auch damit rechnen, dass er für diesen Glauben wie Stephanus Zeugnis ablegen muss. Nicht nur, wenn er verfolgt wird oder wenn irgendwelche Diktaturen von ihm verlangen, dass er seinem Glauben abschwören muss. Solche Diktaturen gibt es ja auch in unserem Inneren. Schmerz und Leid nennen wir sie, die uns zuflüstern oder schreiend auffordern: Und das soll Gottes Liebe sein? Merkst du denn nicht bei all dem Leid auf dieser Welt und bei all der Frustration und dem Elend in deinem Inneren, dass alles nur erstunken und erlogen ist? Verabschiede dich doch endlich von deinem Gott ... es ist der falsche.

Hier – trotz allem – wie Stephanus in aller Hingabe an den menschgeworden Gott zu sagen „O Herr Jesus, nimm meinen Geist auf", darauf kommt es an, zu Weihnachten genauso wie an allen Tagen des Lebens.

Fragen zum Nachdenken:

- Wie erlebst du das Fest des heiligen Stephanus im Zusammenhang mit Weihnachten?
- Welche Schmerzen, welche Leiden fordern dich zum Glaubenszeugnis heraus?
- Wieviel bist du bereit, für deinen Gott zu ertragen?

Herzensgebet durch den Tag:

Es lebe Jesus!
An ihm halte ich fest, trotz allem.

27. Dezember

JOHANNES DER EVANGELIST

Franz von Sales:
„Cassian erzählt, ein Jäger habe den heiligen Evangelisten Johannes eines Tages mit einem Rebhuhn auf dem Arm angetroffen, das er streichelte und mit dem er spielte; der Jäger konnte nicht verstehen, wie ein solcher Mann seine Zeit mit so gewöhnlichen Dingen vertun könnte, worauf der Heilige ihn fragte: ‚Warum trägst du deinen Bogen nicht immer gespannt?' Der Jäger antwortete: ‚Wäre der Bogen immer gespannt, dann hätte er nicht mehr die Kraft zurückzuschnellen, wenn man ihn braucht.' – ‚Wundere dich also nicht', erwiderte der Apostel, ‚wenn auch ich die angestrengte Aufmerksamkeit des Geistes ein wenig vermindere, um mich zu erholen; nachher kann ich mich umso frischer der Betrachtung widmen.'" (DASal 1,185)

Das wohl bekannteste Bild, das wir vom Apostel und Evangelisten Johannes haben, ist die Darstellung, wie er beim letzten Abendmahl an der Schulter Jesu ruht. Für viele ist dieses Bild der Inbegriff der Meditation, des Vertrauens, der Ausgeglichenheit, ja, der Erholung. Ruhen an der Schulter des Herrn, darauf vertrauend, dass in seiner Gegenwart und Nähe alles gut ist und gut wird.

Franz von Sales verbindet den Evangelisten immer wieder mit dem Begriff „Ruhe", egal ob er den Abendmahlssaal beschreibt oder wie hier, wenn er die bekannte Legende des Jägers erzählt, der den heiligen Johannes beim „Nichtstun" erwischt.

Mit dem 27. Dezember ist meist der Rummel des Weihnachtsfestes vorbei. Die Geschenke sind verteilt, die Verwandtenbesuche erledigt, der Alltag stellt sich wieder ein. Es ist Zeit zum Auftanken, Zeit, den Bogen zu entspannen und sich zu erholen. Am besten wie Johannes an der Schulter des Herrn.

Solche Zeiten sind keine Zeitverschwendung, sondern lebens-wichtig. Wir brauchen sie, um leben zu können.

Fragen zum Nachdenken:

- Haben dich die Weihnachtstage erschöpft?
- Wie geht es dir mit dem Bild des Johannes, der an der Schulter des Herrn ruht?
- Wie sieht deine Erholung aus?

Herzensgebet durch den Tag:

Es lebe Jesus!
An seiner Schulter finde ich zur Ruhe.

28. Dezember

FEST DER UNSCHULDIGEN KINDER
– Todestag des heiligen Franz von Sales (1622) –

Franz von Sales:
„Mit den beiden Worten: Nichts verlangen – nichts abschlagen, habe ich euch alles gesagt. ... Schaut auf das Jesulein in der Krippe. Es erträgt Ungemach und Kälte und alles, was der himmlische Vater zulässt ... Auch wir sollen nichts verlangen – nichts abschlagen, sondern alles, was Gott schickt, annehmen, Ungemach und Kälte." (DASal 2,328f)

Der heilige Franz von Sales starb am 28. Dezember 1622. Seine letzten Predigten und Gedanken, die von ihm erhalten sind, drehten sich also um das Geschehen von Weihnachten.

Die letzte Frage, die er seinen Schwestern von der Heimsuchung beantwortete, lautete: „Was sollen wir uns ganz besonders in die Seele schreiben?" Seine Antwort ist berühmt: „Nichts verlangen – nichts abschlagen. Damit habe ich euch alles gesagt."

Der Blick auf das göttliche Kind in der Krippe hat ihn dazu animiert: Es liegt dort, erträgt alles – Kälte und Ungemach ebenso wie die Umsorgungen der Mutter oder die Geschenke der Hirten und der Weisen. Alles ist ihm Recht, weil er weiß, dass er mit allem den Willen Gottes erfüllt.

Das steht hinter dem letzten Ratschlag des heiligen Franz von Sales zwei Tage vor seinem Tod: Gottes Wille soll geschehen, alles andere ist zweitrangig. „Nichts verlangen – nichts abschlagen" ist also die salesianische Variante der Vaterunser-Bitte: „Dein Wille geschehe – wie im Himmel so auf Erden".

Alles, was der himmlische Vater zulässt, ist nicht nur gut, sondern Ausdruck seiner Liebe. Jesus selbst musste erfahren, dass diese Hingabe an den Willen Gottes, dieser Blanko-Scheck, den wir Gott ausstellen sollen, sehr schmerzliche Konsequenzen haben kann, nämlich als er am Ölberg zu Kreuz und Leid ja sagte, damit der Wille Gottes sich erfüllt. Das Fest der Unschuldigen Kinder mag eine ähnliche Herausforderung an unseren Glauben an den liebenden Willen Gottes sein. Wie konnte Gott das nur zulassen? Die Antwort weiß Gott allein.

Fragen zum Nachdenken:

- Was bedeutet dir der Rat „Nichts verlangen – nichts abschlagen" konkret?
- Kannst du damit etwas anfangen, dass Gottes Wille immer Gottes Liebe ist, auch wenn es weh tut?
- Viele Kinder sterben auch heute unschuldig. Wie geht es dir damit?

Herzensgebet durch den Tag:

Es lebe Jesus!
Er gibt mir, was ich brauche.

29. Dezember

Franz von Sales:
„Der heilige Josef hätte zum Engel auch sagen können: ‚Du heißest mich das Kind und seine Mutter nehmen und fortziehen, dann sag mir doch auch, woher ich für sie zu essen bekomme: du weißt ja, dass ich kein Geld habe.' Nichts von all dem sagt Josef; er überlässt alles dem lieben Gott, der schon dafür sorgen wird."
(DASal 2,61)

Der liebe Gott wird schon dafür sorgen. Natürlich klingt ein solcher Satz nach Ausrede, wenn man um Hilfe gebeten wird, etwas tun könnte und nichts tut, weil man gerade keine Lust dazu hat.

So ist dieser Satz jedoch nie gemeint, wenn Franz von Sales ihn zitiert. Das ist auch nicht mit dem Wort Jesu gemeint, wenn er in der Bergpredigt sagt: „Sorgt euch nicht um euer Leben ... euer himmlischer Vater weiß, was ihr braucht" (Mt 6,25.32).

Hier geht es nicht um eine Aufforderung zum Nichtstun, ganz im Gegenteil. Es geht um das völlige Vertrauen auf Gott. Und wer das tut, sich voll und ganz Gott anzuvertrauen, der zeigt damit sehr viel Kraft, Mut und Stärke.

Josef war kein Nichtsnutz, weil er sich den Anordnungen Gottes überlassen hat, für Franz von Sales ist er das Symbol der Ganzhingabe an Gottes Planen und Wirken.

In der Zeit des Jahreswechsels denken die Menschen vielleicht intensiver an die Zukunft als zu anderen Zeiten des Jahres. Was wird das neue Jahr bringen? Werden meine Probleme gelöst, werden sie noch schlimmer? Wo werde ich in einem Jahr stehen?

Genau auf diese Fragen antwortet Jesus: Macht euch keine Sorgen. Ihr seid in Gottes Hand. Franz von Sales ist davon felsenfest überzeugt und er wird nicht müde, diese Botschaft zu verkünden: Wer sich ganz dem Willen Gottes überlässt, geht nicht verloren.

Fragen zum Nachdenken:

- Glaubst du, dass Gott für dich sorgt?
- Bei welchen Sorgen solltest du handeln, welche Sorgen Gott übergeben?
- Wie denkst du an deine Zukunft?

Herzensgebet durch den Tag:

Es lebe Jesus!
Meine Sorgen sind bei ihm in guten Händen.

30. Dezember

Franz von Sales:
„Unsere Faulheit richtet uns zugrunde, sie ist schuld daran, dass wir immer sagen: ‚Morgen fange ich an, mich zu bessern.' Ja, warum denn nicht sofort anfangen, warum nicht jetzt, da Gott uns lockt und drängt¿" (DASal 2,55)

Der Jahreswechsel ist die Zeit der guten Vorsätze. Mit dem neuen Jahr werde ich ... das und das tun, das und das nicht tun, das ändern, das neu beginnen.

Am 2. Januar gehören dann meist die guten Vorsätze schon wieder der Vergangenheit an, zum einen, weil der Weg zur Hölle, wie das Sprichwort sagt, mit vielen guten Vorsätzen gepflastert ist, also: weil wir uns zuviel oder das Falsche vornehmen und damit überfordern.

Zum anderen, weil der Jahreswechsel eine gute Ausrede ist. Mit dem neuen Jahr fange ich an, mich zu bessern – bis dahin aber kann noch alles so bleiben wie es ist. Und ist das neue Jahr vorbei, na, dann hat es eben wieder nicht geklappt und ich brauche mich erst wieder im nächsten Jahr damit beschäftigen.

Für Franz von Sales offenbart sich hier eine besonders tückische Art der Faulheit und rät, wie wieder ein Sprichwort sagt: „Was du heute kannst besorgen, das verschiebe nicht auf morgen." Jeder Tag also ist ein neuer Anfang und jeden Tag kann ich dazu nutzen, an mir zu verändern, wozu Gott mich lockt und drängt. Und wenn ich es nicht schaffe, dann ist das noch lange kein Grund, das Problem wieder auf die lange Bank zu schieben, denn: Der nächste Tag bietet schon wieder eine neue Chance.

Jetzt kann ich also damit anfangen, meine Vorsätze zu verwirklichen, und jeden Tag neu und immer wieder. Dazu braucht es keinen Jahreswechsel.

Fragen zum Nachdenken:

- Welche Vorsätze hast du, die du gerne verwirklichen möchtest?
- Ist dir klar, dass du jeden Tag neu damit beginnen kannst?
- Wie geht es dir damit, wenn du deine Vorsätze nicht verwirklichen kannst?

Herzensgebet durch den Tag:

Es lebe Jesus!
Jeden Tag schenkt er mir einen Neuanfang.

31. Dezember

Franz von Sales:
„Gott wollte den Wechsel der Jahreszeiten: auf den Sommer sollte der Herbst, auf den Winter der Frühling folgen, damit wir einsehen, dass in diesem Leben nichts von Bestand, nichts ‚von Dauer' (Koh 2,11) ist und alles Zeitliche ständig in Fluss, den Veränderungen und dem Wechsel unterworfen." (DASal 2,50)

Im Buch Kohelet steht nicht nur, dass nichts von Dauer ist, „alles Windhauch" (Koh 1,2), sondern auch, dass alles seine Zeit hat (Koh 3,1-8). Es gibt eine Zeit zum Lachen und eine Zeit zum Weinen, zum Säen und zum Ernten, zum Gebären und zum Sterben.

Für Franz von Sales sind diese Zeiten nicht Zufall, sondern Plan Gottes. Damit will Gott uns nicht nur zeigen, dass er alles wohl geordnet hat, den Rhythmus von Tag und Nacht, Wochen, Monate, Jahre, Jahreszeiten, sondern, dass dieses Leben in der Zeit auch vergänglich ist.

Dieses Leben in der Zeit hat nicht Bestand, es fließt dahin, wohlgeordnet zwar, aber es wird einmal vorbei sein und einfließen in die Ewigkeit, wo es keine Zeit mehr gibt, daher auch keine Vergangenheit mehr, keine Gegenwart und keine Zukunft. Dann wird alles im Jetzt verankert sein und nichts wird mehr vergehen.

Erneut zeigen uns die Gedanken des heiligen Franz von Sales, wie sehr er davon überzeugt ist, dass der Mensch ohne

Gott auf schwankendem Boden steht. Gott allein garantiert jenen Halt, der uns im Strudel der Zeit nicht untergehen lässt. Gott allein ist das Ziel, das wir bei aller Wechselhaftigkeit der Zeiten nicht aus den Augen verlieren dürfen.

Am Jahresende halten wir Rückblick und Ausblick. Franz von Sales rät uns an dieser Stelle: Übergib die Vergangenheit dem göttlichen Erbarmen, überlasse die Zukunft der göttlichen Vorsehung, was dich kümmern soll, ist das Hier und Jetzt und Heute – jeden Tag.

Fragen zum Nachdenken:

– Wie ist das vergangene Jahr gelaufen? Kannst du es dem göttlichen Erbarmen übergeben?
– Ist dir klar, dass dein Leben auf die Ewigkeit zusteuert?
– Ist Gott der sichere Halt im Strudel deines Lebens?

Herzensgebet durch den Tag:

Es lebe Jesus!
Meine Zeit liegt in seinen Händen.

1. Januar

Franz von Sales:
„Der erste Brief dieses Jahres musste an unseren Herrn und an Unsere liebe Frau geschrieben werden; hier ist nun der zweite, meine Tochter, mit dem ich Ihnen ein gutes Neues Jahr wünsche und unser Herz der göttlichen Güte weihe. Mögen wir dieses Jahr so leben können, dass es uns als Fundament für das ewige Jahr diene!" (DASal 5,235)

Vielleicht ist dies tatsächlich der einzige Neujahrswunsch, der wirklich Sinn hat: „Mögen wir dieses Jahr so leben können, dass es uns als Fundament für das ewige Jahr diene!"

Seinen Schwestern schreibt Franz von Sales ins Regelbuch, dass sie jede Stunde mit dem Satz beginnen sollen: „Und wieder ist eine Stunde vergangen, die uns näher zur Ewigkeit gebracht hat." Die Ewigkeit relativiert die Zeit. Nichts, so schreibt Paulus (vgl. Röm 8,18), ist diese Welt im Vergleich zu der Herrlichkeit, die wir einmal schauen werden.

Warum also vergessen wir allzu leicht darauf, dass wir uns hier und jetzt das Fundament bauen für die Ewigkeit? Warum wünschen wir uns heute Glück, Gesundheit, ein langes Leben ... manchmal auch Reichtum und Erfolg und Spaß und Freude, aber nicht Fundamente für die Ewigkeit?

Weil wir die Ewigkeit und auch Gott nicht so wichtig nehmen? Weil wir diese Dinge aus unserem Leben verdrängen, nicht daran denken wollen, wie es sein könnte, wenn wir einmal nicht mehr sind? Für Franz von Sales ist jedenfalls nicht jener welt- und wirklichkeitsfremd, der sich mit Gott und Ewigkeit beschäftigt, sondern der, der von seinem Tod und was dann sein könnte nichts wissen will.

Die Wirklichkeit ist eben nichts anderes als ein Leben hin zum Tod. Wer das nicht sehen will, entfremdet sich der Wirklichkeit.

Fragen zum Nachdenken:

- Hast du Gott heute schon alles Gute zum Neuen Jahr gewünscht?
- Welchen Wunsch hast du für dieses neue Jahr?
- Wie wichtig ist dir die Ewigkeit?

Herzensgebet durch den Tag:

Es lebe Jesus!
Er begleitet mich durch dieses neue Jahr.

2. Januar

Franz von Sales:
„Unser Leben gleicht einem Gehen über vereistes Land. Alles, was uns da in den Weg kommt, kann uns Anstoß sein, das Gleichgewicht zu verlieren und hinzufallen." (DASal 2, 56)

„Achtung Rutschgefahr!" kann man jetzt überall lesen. Warnschilder, die uns zeigen, dass wir Acht geben sollen darauf, welche Schritte wir tun und wie wir den einen Fuß vor den anderen setzen.

Dieses Warnschild „Achtung Rutschgefahr!" hält uns auch Franz von Sales vor, wenn er vom Lebensweg spricht. Unser Leben gleicht eben manchmal einem Gehen über vereistes Land. Wer kann dieses Bild nicht nachvollziehen!

Das Leben ist ein Risiko, man kann auf die Nase oder in die Grube fallen, die man selbst oder ein anderer gegraben hat. Man kann in alles Mögliche stürzen, in Krisen, Fiasken, Schicksale, Bankrotte und so weiter.

Der Gang auf dem Lebensweg gleich einer Gratwanderung oder einem Hochseilakt. Überall lauern Gefahren. Ängste, Sorgen und Nöte begleiten uns.

Will uns also Franz von Sales Angst machen mit seinem Bild vom vereisten Land? Nein, ebenso wenig wie uns die Warnschilder Angst machen wollen.

Er mahnt uns vielmehr wie diese zur Vorsicht, damit wir eben nicht das Gleichgewicht verlieren und hinfallen, und er macht uns deutlich, dass wir in diesem Leben einer Kraft bedürfen, die uns durch dieses vereiste Land sicher ans Ziel bringt.

Gott bewahrt unser Gleichgewicht und er führt uns sicher durch Eis und Schnee.

Fragen zum Nachdenken:

– Welche Gefahren lauern auf deinem Lebensweg?
– Verlierst du oft dein Gleichgewicht?
– Glaubst du, dass Gott ein sicherer Begleiter durch das Eis ist?

Herzensgebet durch den Tag:

Es lebe Jesus!
Er hält mein Leben im Gleichgewicht.

3. Januar

Franz von Sales:

„Lernen wir uns benehmen wie Unsere Liebe Frau und Sankt Josef. Bewahren wir bei allem, was uns gegen den Strich geht, die Ruhe und lassen wir Gott sorgen; er wird den Kummer wegnehmen, wenn er es für gut findet." (DASal 2,62)

Was geht uns nicht alles gegen den Strich! Im Leben läuft es eben nicht immer so, wie wir es gerne hätten. Da ist der Arbeitskollege, der uns einen Strich durch die Rechnung macht, oder der Ehepartner, der Familienangehörige oder einfach das Schicksal. Schon bin ich aus der Bahn geworfen und muss mich neu auf das Leben einstellen. Das ist nicht angenehm und tut meist auch ziemlich weh.

Franz von Sales rät uns in solchen Situationen vor allem eines: Ruhe bewahren, aber keine stoische, gleichgültige Ruhe, sondern die Ruhe, die auf Gott baut. Wenn Gott es für gut hält, wird er den Kummer schon von uns nehmen.

Gerade bei großen Katastrophen ist diese Ruhe besonders wichtig. Bei den Verhaltensregeln für Unfall oder im Brandfall steht dies an erster Stelle: „Ruhe bewahren", nicht den Kopf verlieren, weil dann alles noch viel schlimmer werden kann.

Selbstverständlich braucht diese Ruhe Training. Kaum jemand ist so stark, dass er wie auf Knopfdruck seine Ruhe einschalten kann. Er muss sie üben und zwar in Zeiten, in denen es einmal nicht so drunter und drüber geht. Im geistlichen Leben des heiligen Franz von Sales nennt sich ein solcher Erste-Hilfe-Kurs oder die Brandübung „Versetzen in Gottes Gegenwart“.

Bei allem, was du tust, mache dir bewusst, dass Gott bei dir ist und auf dich schaut. Und dieser Gott ist ein Gott, der für dich sorgt, ganz egal, was geschieht.

Maria und Josef sind dafür ein Vorbild. Sie haben trotz vieler Schwierigkeiten die Ruhe bewahrt, weil sie wussten, dass Gott bei ihnen wohnt.

Fragen zum Nachdenken:

- Was geht dir gerade alles gegen den Strich?
- Machst du dir immer wieder die Gegenwart Gottes bewusst?
- Traust du Gott zu, dass er dir deinen Kummer nimmt?

Herzensgebet durch den Tag:

Es lebe Jesus!
Bei ihm finde ich Ruhe und Sicherheit.

4. Januar

Franz von Sales:
„Beachten wir, wie ruhig, unerschütterlich und gelassen Maria und Josef blieben, obwohl ihr Leben eine bunte Aufeinanderfolge trüber und froher Tage war." (DASal 2,55)

Die salesianische Gelassenheit inmitten der „bunten Aufeinanderfolge trüber und froher Tage" ist sprichwörtlich. Was verbirgt sich hinter dieser besonderen „salesianischen" Tugend?

Das Wissen und die felsenfeste Überzeugung, dass Gott die Liebe ist. Und in der Geborgenheit eines Gottes, der die Liebe ist, kann draußen die Sonne scheinen, es kann regnen, stürmen, schneien oder nebelig sein, dennoch fühlen wir uns auf festem Grund, wohl und zufrieden, auch wenn nicht alle so läuft, wie es laufen könnte.

Wer in Gott, der die Liebe ist, verankert bleibt, so besagt die salesianische Gelassenheit, der wird durch nichts aus der Bahn geworfen, der geht nicht unter und lässt sich auch nicht aus der Ruhe bringen.

Das biblische Gleichnis vom „Haus auf dem Felsen" (Mt 7,24-27) ist das Gleichnis der Gelassenheit. Wer auf Gott hört und ihm vertraut wird nicht kaputt gehen, auch wenn Stürme kommen, Wassermassen oder Wolkenbrüche, denn er ist auf Fels gebaut.

Franz von Sales schreibt: „Mag nicht nur um uns herum,

sondern auch in uns alles drunter und drüber gehen, mag unsere Seele traurig oder vergnügt und fröhlich, verbittert und unruhig oder friedlich, im Licht oder in der Finsternis der Versuchung, mag sie ruhig und voll Freude oder voll Ekel sein, in Trockenheit oder Seligkeit, mag die Sonne sie versengen oder der Tau sie erfrischen: immer soll unser Herz, unser Geist und der höhere Wille gleich der Kompassnadel unablässig auf die Gottesliebe als ihr einziges und höchstes Gut schauen und ausgerichtet sein" (DASal 1,230).

Und wenn diese Ausrichtung auf Gott stimmt, dann bleiben wir auf Kurs ... In dieser Überzeugung lebt die salesianische Gelassenheit.

Fragen zum Nachdenken:

- Wie geht es dir in den Stürmen des Lebens?
- Vertraust du Gott als der Fels deines Lebens?
- Bemühst du dich um salesianische Gelassenheit?

Herzensgebet durch den Tag:

Es lebe Jesus,
mein Fels in den Stürmen des Lebens.

5. Januar

Franz von Sales:
„Geht nur in aller Einfalt nach Ägypten, mitten unter die Feinde, die ihr dort finden werdet! Gott, der euch dorthin sendet, wird euch behüten, und ihr werdet nicht getötet werden.“ (DASal 2,64)

Noch in der Nacht, nachdem die drei Weisen die Heilige Familie verlassen hatten, erhielt Josef im Traum den Auftrag nach Ägypten zu fliehen. Und er tat es in aller Einfalt und Einfachheit, obwohl es viele und vernünftige Gründe gab, es nicht zu tun.

Ägypten ist ein fremder und feindlicher Ort. Nazaret wäre nicht nur näher, sondern auch die Heimat, das Zuhause, das ihm finanzielle und menschliche Sicherheit verspricht. Die Heilige Familie ging den schwereren Weg, weil Gott es so wollte und weil er ihnen versprach, dass sie genau dort und nirgends sonst sicher sind.

Der Begriff „Einfalt“ klingt für uns negativ. Er erinnert uns an Dummheit oder Naivität, jedenfalls verbinden wir damit keine empfehlenswerte Tugend. Und dennoch ist sie es für Franz von Sales, weil er etwas ganz anderes darunter versteht.

Die heilige Einfalt ist das, was hinter dem Jesuswort vom „Kind sein“ steckt:

„Amen, das sage ich euch, wenn ihr nicht umkehrt und wie die Kinder werdet, könnt ihr nicht in das Himmelreich kommen. Wer so klein sein kann wie dieses Kind, der ist im Himmelreich der Größte“ (Mt 18,3-4).

Ein anderes Wort für die Einfalt ist also das Wort „Kind sein vor Gott“, das völlige Überlassen seiner selbst in den Willen des Vaters, der mich behütet und mir versichert, dass ich nicht getötet werde.

Der Weihnachtsfestkreis geht dem Ende entgegen. Im Zentrum dabei steht Gott als Kind vor den Menschen. Darin liegt auch ein Auftrag und eine Aufgabe an uns: Als Mensch Kind zu sein vor Gott.

Fragen zum Nachdenken:

- Kannst du mit der Einfalt als Tugend etwas anfangen?
- Was, glaubst du, verbirgt sich hinter dem Auftrag des Kindseins vor Gott?
- Bist du bereit, Gottes Wege für dich anzunehmen?

Herzensgebet durch den Tag:

Es lebe Jesus!
Vor ihm darf ich sein wie ein Kind.

6. Januar

FEST DER ERSCHEINUNG DES HERRN

Franz von Sales:
„Wenn Sie weder Gold, noch Weihrauch besitzen, um sie unserem Herrn darzubringen, so werden Sie zumindest Myrrhe haben (Mt 2,11), und ich sehe, dass er diese sehr liebevoll entgegennimmt, als ob diese Lebensfrucht in der Geburt wie im Tod in bittere Myrrhe eingelegt sein wollte (Joh 19,39).“ (DASal 5, 316)

Die drei Weisen aus dem Morgenland schenken Jesus das, was sie schenken können: Gold, Weihrauch und Myrrhe. Sie wissen, dass diese Geschenke nicht für irgendjemanden, sondern für den König aller Völker bestimmt sind.

Sie werden sich also sehr wohl Gedanken darüber gemacht haben, was sie mitbringen und geben. Und sie werden sicherlich weder Kosten noch Mühen gescheut haben, um für den zu Beschenkenden entsprechende Geschenke zu finden.

Darum geht es Franz von Sales, wenn er vom Verhalten des Menschen gegenüber Gott spricht. Wesentlich ist, dass der Mensch Gottes Größe anerkennt. Wesentlich ist auch, dass er sich bemüht, Gott Entsprechendes zu schenken.

Was wir dann von Herzen geben, wird Gott von Herzen annehmen, egal ob es Gold, Weihrauch oder nur bittere Myrrhe ist.

Gott ist in seiner Herrlichkeit erschienen. Er hat sich selbst den Menschen geschenkt, weil er ihn unendlich liebt. Das fordert uns zu einer Antwort heraus und sei es auch nur Gestammel.

Das Geplappere eines Kindes versteht eine Mutter oft besser wie die wohlgesetzten Worte ihres studierten erwachsenen Sohnes. Der selbstgebastelte verknitterte Papierflieger ihres Kindes als Muttertagsgeschenk erfreut sie genau so wie der Diamantring ihres Ehemannes.

Es geht also um das Geben von ganzem Herzen. Um nicht mehr, aber auch nicht um weniger.

Fragen zum Nachdenken:

– Welches Geschenk bringst du Gott dar?
– Womit könntest Du Gott beschenken?
– Bist du bereit Gott mit ganzem Herzen zu beschenken?

Herzensgebet durch den Tag:

Es lebe Jesus!
Er nimmt, was ich ihm geben kann, von Herzen.

Taufe des Herrn

Franz von Sales:
„Ich lasse euch beim Heiland in Ägypten zurück. Ich meine, und andere denken das Gleiche, er wird wohl schon damals, wenn er mit der ihm vom heiligen Josef aufgetragenen Arbeit fertig war und Zeit dazu hatte, kleine Kreuze zusammengenagelt haben zum Zeichen, wie sehr es ihn nach seiner letzten Stunde, der Stunde der Welterlösung verlangte. Es lebe Jesus!" (DASal 2,64)

Mit Weihnachten beginnt die Geschichte Jesu, aber sie endet damit nicht.

Uns mag heute belustigen, dass nach einer etwas überfrommen Überlieferung der kleine Jesus nach der Arbeit in der Werkstatt des heiligen Josef noch Kreuze gebastelt hat. Der tiefe Kern dieser Legende ist allerdings durchaus ernst zu nehmen.

Dieser Jesus, der da in Betlehem zur Welt kam, nach Jahren der Flucht in Ägypten nach Nazaret zurückkehrte, wird als Mitt-Dreißiger den grässlichsten Tod seiner Zeit sterben. Noch lebt er sein Leben im Verborgenen, die Weihnachtszeit aber endet liturgisch mit der „Taufe des Herrn", also mit dem Beginn seines öffentlichen Auftretens.

Bei aller Weihnachtsfreude sollten wir dies nicht vergessen. Ja, die Weihnachtsfreude ist ohnehin nur zu verstehen, weil wir die Freude der Auferstehung kennen. Die Kindheitsgeschichten Jesu wurden daher auch viel später als die Geschichte seines Todes und seines Wirkens in Galiläa und Jerusalem geschrieben.

Franz von Sales lässt uns in Ägypten zurück, dort also, wohin die Heilige Familie flüchten musste, um zu überleben. Und er macht uns aufmerksam, dass das ganze Geschehen Jesu nur im Blick auf seine letzte Stunde auf dieser Erde, der Stunde der Welterlösung zu verstehen ist , und im Blick auf seine Auferstehung.

Daher heißt auch das Lieblingsgebet des heiligen Franz von Sales, mit dem er all seine Briefe begann, und viele auch beendete, in aller Kürze und Einfachheit: „Es lebe Jesus!"

Fragen zum Nachdenken:

- Welche Gedanken beschäftigen dich jetzt, am Ende der Weihnachtszeit?
- Ist dir bewusst, dass Weihnachten nur zusammen mit Tod und Auferstehung Jesu zu verstehen ist?
- Was hast du aus den Gedanken des heiligen Franz von Sales durch die Advents- und Weihnachtszeit gelernt?

Herzensgebet durch den Tag:

Es lebe Jesus!
Jesus lebe in mir!

Zeittafel zum Leben des hl. Franz von Sales

1567	Geburt auf Schloss Sales bei Thorens nahe Annecy in Savoyen
1573-1578	Schule in La Roche und Annecy
1578-1591	Studium der Rechtswissenschaft und Theologie in Paris und Padua
1586/87	Große Glaubenskrise in Paris und Befreiung in ein optimistisches Gottes- und Menschenbild
1593	Priesterweihe in Annecy
1594-1598	Rekatholisierung des Chablais
1599	Ernennung zum Koadjutor des Bischofs von Annecy
1602	Bischofsweihe in Thorens
1604	Erste Begegnung mit Johanna Franziska von Chantal in Dijon
1609	Veröffentlichung der „Philothea“
1610	Gründung des Ordens von der Heimsuchung Mariens, zusammen mit Johanna Franziska von Chantal
1616	Veröffentlichung des „Theotimus“
1622	Tod in Lyon
1661	Seligsprechung
1665	Heiligsprechung
1877	Ernennung zum Kirchenlehrer
1923	Erklärung zum Patron der Schriftsteller und Journalisten

Quellenverzeichnis

Die Zitate des heiligen Franz von Sales stammen aus den 12 Bänden der Deutschen Ausgabe der Werke des heiligen Franz von Sales (DASal), erschienen im Franz-Sales-Verlag, Eichstätt 1958-1983:

Band 1: Anleitung zum frommen Leben (DASal 1)
Band 2: Geistliche Gespräche (DASal 2)
Band 3: Abhandlung über die Gottesliebe I (DASal 3)
Band 4: Abhandlung über die Gottesliebe II (DASal 4)
Band 5: Briefe an Johanna Franziska v. Chantal (DASal 5)
Band 6: Briefe der Seelenführung an Laien (DASal 6)
Band 7: Seelenführungsbriefe an Ordensfrauen (DASal 7)
Band 8: Korrespondenz im Überblick (DASal 8)
Band 9: Ausgewählte Predigten (DASal 9)
Band 10: Kontroversschriften I (DASal 10)
Band 11: Kontroversschriften II (DASal 11)
Band 12: Geistliche Schriften (DASal 12)

FRANZ VON SALES IM FRANZ SALES VERLAG:

Herbert Winklehner (Hg.)
JEDEN TAG MIT FRANZ VON SALES
400 Seiten, gebunden
ISBN 3-7721-0188-7

Texte des hl. Franz von Sales für jeden Tag des Jahres gesammelt und thematisch geordnet. In 366 Schritten kann man sich von Franz von Sales das Jahr hindurch begleiten lassen. Ein Schatzkästchen salesianischer Spiritualität zum Nachdenken.

FRANZ VON SALES IM FRANZ SALES VERLAG:

Herbert Winklehner (Hg.)
FREUDE ÖFFNET
366mal Franz von Sales
216 Seiten, gebunden
ISBN 3-7721-0225-5

366 kurze Gedanken voller Optimismus, Freude, Gottvertrauen und Liebe für jeden Tag des Jahres aufbereitet. Kurze Weisheiten eines großen Kirchenlehrers und Mystikers.

FRANZ VON SALES IM FRANZ SALES VERLAG:

Franz von Sales
DU BIST DER GOTT MEINES HERZENS
Gebete
216 Seiten, broschur
ISBN 3-7721-0201-8

Die erste umfassende Sammlung der Gebete des heiligen Franz von Sales in deutscher Sprache, nach Themen geordnet und mit Stichwortregister.

FRANZ VON SALES IM FRANZ SALES VERLAG:

Michel Tournade
EINE WELT ZUM VERLIEBEN
Ein Lebensprogramm für junge Menschen
240 Seiten, broschur
ISBN 3-7721-0226-3

Die „Philothea" des hl. Franz von Sales für Menschen von Heute aufbereitet. Christsein zu jeder Tageszeit und in jeder Lebenslage: Wie geht das?

FRANZ VON SALES IM FRANZ SALES VERLAG:

Dirk Koster
FRANZ VON SALES
Die Biographie
288 Seiten, Klappenbroschur, Fotos
ISBN 3-7721-0240-9

Eine wunderbare Lebensbeschreibung des hl. Franz von Sales: gut recherchiert und in Szene gesetzt, spannend zu lesen und durch eine Fülle von Bildern aufgelockert.